나는 밥이 되고
싶습니다

나는 밥이 되고 싶습니다

1판 1쇄 발행 2010년 1월 20일
1판 16쇄 발행 2024년 4월 22일
2014년 4월 3일 교회 인가

글 김원석 그림 박영미
펴낸곳 도서출판 그린북 펴낸이 윤상열
기획편집 최은영 김민정 마케팅 윤선미 경영관리 김미홍
등록 1995년 1월 4일(제10-1086호)
주소 서울시 마포구 방울내로11길 23 두영빌딩 302호
전화 02-323-8030 팩스 02-323-8797 이메일 gbook01@naver.com

© 김원석 2010

ISBN 978-89-5588-201-8 73810

이 책의 무단 전재와 무단 복제를 금합니다. 파손된 책은 구입하신 곳에서 바꿔 드립니다.

이 도서의 국립중앙도서관 출판도서목록(CIP)은 e-cip홈페이지(http://www.nl.go.kr/ecip)에서 이용하실 수 있습니다.(CIP제어번호 : 2010000070)

어린이제품안전특별법에 의한 표시
품명 어린이 도서 **제조국** 대한민국 **사용연령** 8세 이상 **주의사항** 책 모서리에 다치지 않도록 주의하세요.

'바보 천사'
김수환 추기경이 남긴 선물

나는 밥이 되고 싶습니다

상자로 만든 방 안에는 웅크리고 코를 골며 자는 사람, 편지를 쓰는 사람, 술을 마시는 사람, 간혹 책을 보는 사람도 있습니다.
종이 상자로 지은 방 안에선 노숙자들이 어제 꿈꾸었던 오늘을 다 팔고, 또다시 내일의 꿈을 사고 있었습니다.
신부님은 그 아저씨들을 눈으로 찰칵, 사진을 찍었습니다. 그러고는 한적한 곳으로 가서, 조용히 성호를 긋고 기도를 드렸습니다. '이렇게 착한 사람들이 왜 고통을 받아야 하나?' 신부님의 마음은 상처가 생겨 몹시 아렸습니다. 함박눈이 그치고 드문드문 싸락눈이 내리는 고요한 밤입니다. 글 김원석 그림 박영미

그린·북

머리말

{ 나는 네 밥, 너는 내 밥 }

"나는 밥이 되고 싶습니다."

1989년 세계성체대회에서 김수환 추기경님께서 하신 말씀입니다. 또 추기경님은 크리스마스 카드에 "밥이 됩시다", "제가 밥이 될 수 있도록 기도해 주십시오"라고 즐겨 쓰셨다고 합니다.

'밥'

김수환 추기경님은 왜 밥이 되고 싶다고 하셨을까요?

우리 모두가 추기경님처럼 밥이 되고 싶은 마음으로 산다면, 우리가 사는 세상은 어떻게 될까요? 싸움도 없고, 미워하는 마음도 없고, 남을 깎아내리려는 마음도 없는 평화스러운 세상이 찾아올 것입니다.

지금 여러분도 그러는지 모르겠지만, 내가 어렸을 때는 만만한 친구를 가리켜 "너는 내 밥이야."라고 했습니다. '밥'인 친구는 자기를 내세우지 않고, 내가 하자는 대로 했습니다.

그런데 내가 네게, 또 네가 내게 밥이 되어 준다면 어떨까요?

《나는 밥이 되고 싶습니다》는 김수환 추기경님의 말씀을 글감으로 쓴 동화입니다.

여기 추기경님의 말씀을 몇 가지만 소개할게요.

"다른 사람에게 밥이 되어 줍시다."

-1989년 세계성체대회에서 말씀하신 '밥'

"저는 하느님 앞에 부끄러운 사람입니다. 말로만 사랑을 말하고 참사랑을 제대로 실천하지 못했습니다."

-2002년 12월 송년 인터뷰에서 말씀하신 '참사랑'

"제가 잘났으면 뭘 그렇게 크게 잘났겠어요. 내가 제일 바보스럽게 살았는지도 몰라요."

-2007년 '동성 고등학교 100주년 기념 특별 전시회'에 자화상 〈바보야〉를 출품하며 말씀하신 '성스러운 바보'

추기경님은 이런 말씀만 하신 게 아닙니다. 당신이 하신 그 말씀을 몸소 실천하며 사셨습니다.

이처럼 아름다운 김수환 추기경님의 삶을 우리 친구들이 본받았으면 하는 마음에 동화를 썼습니다. 새로 쓰기도 하고, 월간지 〈참 소중한 당신〉에 연재했던 것을 주제에 맞게 고쳐 쓰기도 했지만, 김수환 추기경님의 그 넓은 뜻에 흠이 되지 않을까 걱정입니다. 그래도 우리 친구들이 이 글을 읽고 서로가 서로에게 밥이 되어 주는 그런 마음을 가졌으면 합니다.

 대림3주 월요일 밤에 자근방에서
글쓴이 김원석

차례

혜화동 할아버지 김 추기경　9

골목에 핀 꽃　31

 네 밥이 되고 싶어　40

고깃국　64

아름다운 바보　77

참 좋은 친구 · 85

하늘이 준 선물 · 97

베트공 · 106

간장종지 · 117

포장마차 안에 핀 벚꽃 · 127

1 혜화동 할아버지 김 추기경

+참사랑
"저는 하느님 앞에 부끄러운 사람입니다. 말로만 사랑을 말하고 참사랑을 제대로 실천하지 못했습니다"
−2002년 12월 송년 인터뷰에서

서울 한복판 명동.

싸락눈이 바람에 바짝 쫓기고 있습니다.

하늘을 뚫을 듯한 높다란 건물 꼭대기에도,

명동 대성당 종탑 위에도,

성모 마리아 상 위에도,

다닥다닥 붙어 있는 야트막한 지붕 위에도,

오가는 사람들에게도 눈이 내리고 있습니다.

"껌 사세요."

껌과 사탕 몇 알로 좌판을 편, 몸이 불편한 껌 장수가 외치는 소리 위에도 눈이 내립니다.

아기바람은 저녁 삼종˚ 소리에 몸을 싣고, 명동 성당 들머리를 지나 성당 마당으로 갔습니다.

지나가던 사람들 몇이 삼종 소리에 걸음을 멈추더니, 성호를 긋고 기도를 했습니다.

아기바람은 기도 말 가운데 '마리아'라는 귀에 익은 말이 얼핏 들려와 기뻤습니다.

'성당 안에서는 뭘 하고 있을까?'

아기바람은 성당 안이 궁금했습니다.

아기바람이 안으로 들어서려고 할 때였습니다.

모두들 성가를 부르고 있는데, 훈훈한 바람과 더불어 나이 지긋한 분이 슬며시 빠져나왔습니다.

'어라?'

낯익은 얼굴이었습니다. 잘 생각은 나지 않지만, 신문이

나 텔레비전에서 많이 본 듯한 모습이었습니다.

그 분은 허름한 잠바(점퍼) 지퍼를 목 끝까지 바짝 끌어 올리고 있었습니다. 그런데 지퍼 끝 위로 로만 칼라가 엄지손톱만큼 보였습니다. 그 분은 신부님이었습니다. 로만 칼라가 보이지 않았다면 신부님이 아니라, 그저 마음씨 좋은 시골 할아버지로 알았을 겁니다.

"많이 팔았어?"

성당을 나온 신부님은 모퉁이 껌 장수에게 물었습니다.

"예, 할아버지."

"눈이 오니까, 그만 팔고 어서 집으로 가."

신부님은 오천 원짜리 한 장을 껌 장수에게 주고, 레코드점을 지나 명동거리로 올라갔습니다. 그러고는 명동역에서 지하철을 탔습니다.

'신부님이, 할아버지?'

호기심이 생긴 아기바람은 범인 뒤를 쫓는 형사처럼 신부님 뒤를 쫓았습니다.

신부님은 경로석 쪽으로 가지 않았습니다. 자리를 잡지 못한 신부님은 손잡이에 몸을 의지했습니다. 지하철 안 후끈 거리는 열기로 신부님 안경에 김이 잔뜩 서렸습니다.

신부님이 손수건을 꺼내 안경을 벗어 닦으려는데,

"혹시 김수환 추기경님 아니세요?"

하고 한 아주머니가 일어서서 자리를 양보하며 물었습니다.

'뭐어? 추기경?'

아기바람은 깜짝 놀랐습니다.

'아, 그랬었구나!'

그런데 신부님이 도리어 깜짝 놀라며,

"아아, 아닙니다. 추기경이라뇨? 저도 그런 소리를 종종 듣는답니다."

신부님은 껄껄껄 웃으며 아니라고 대답했습니다.

"그러면 그렇죠. 그 바쁘신 추기경님이 이 시각에 지하철을 타실 일이 없지요. 그것도 혼자서……."

아주머니는 이렇게 말하면서 신부님에게 자리를 양보했습니다. 그러나 신부님은 끝내 앉지 않았습니다.

'어어, 추기경님이 맞는 것 같은데?'

아기바람은 도리질을 하며 더 재미있는 일이 벌어질 것 같아 신부님 뒤로 바짝 붙었습니다.

신부님은 서울역에서 내렸습니다. 내리자마자 머뭇거림 없이 어디론가 바삐 걸어갔습니다. 신부님의 발길이 머문

곳은 커다란 밥차가 있는 곳이었습니다.

"할아버지, 잠바가 멋있는데요."

밥을 푸는 사람들도, 밥을 얻어먹으려 줄 선 사람들도 신부님을 반겼습니다.

밥차 위에도 역 광장에도 눈이 쌓였습니다. 싸락눈은 제 모습에 싫증이 났는지 커다란 눈송이로 모습을 바꾸었습니다.

신부님은 팔을 걷어붙이고 국을 펐습니다. 그런데 국그릇에 담다가 자꾸만 국물을 흘렸습니다.

"할아버지, 밥 푸세요."

밥을 푸던 아저씨가 밥주걱을 신부님에게 주더니, 국자를 빼앗았습니다.

"허허, 오늘 '밥퍼'에서 '국퍼'로 진급하려 했는데 말짱 도루묵이군."

신부님은 허허 웃으며 밥을 펐습니다.

눈송이가 점점 굵어져 밥을 타 먹으려는 사람들 머리와 옷 위로 하얗게 쌓였습니다. 곳곳에 눈이 많이 쌓여서 밥을 먹을 만한 곳이 없었습니다. 사람들은 식판을 들고 우왕좌왕했습니다.

신부님은 밥을 푸다 말고 어디론가 휑하니 가서 차일을 얻어왔습니다. 그러고는 밥차 지붕 쪽에 비닐끈으로 묶어 차일을 쳤습니다. 훌륭한 눈 가림막이었습니다. 아니 훌륭한 식당이었습니다.

"와아!"

노숙자들은 좋아라 손뼉을 쳤습니다.

"이래봬도 이 손이 국은 잘 못 푸지만, 마술의 손이라구."

신부님은 오른손을 번쩍 치켜들며 말했습니다.

"와아! 할아버지 최고다!"

사람들이 다시 한 번 손뼉을 쳤습니다.

"에이, 가만히 있으면 중간이나 하시지."

국자를 빼앗은 아저씨가 신부님에게 빈정대었습니다.

신부님은 못 들은 척 밥을 펐습니다. 밥을 잘 퍼서 밥그릇에 담는 데만 신경을 기울였습니다.

밥을 퍼 주고, 그릇을 정리하니 밤 9시가 넘었습니다.

신부님은 두 손을 비벼가며 남대문 쪽으로 걸어갔습니다.

북악산 쪽에서 불어오는 바람은 따끔한 침이었습니다. 바람이 맨살에 사정없이 침을 놓아 말할 수 없이 따가웠습니다. 아기바람도 깜짝 놀라 멈칫할 정도였어요.

남산 순환도로로 올라가는 언덕에 눈을 치우는 작업이 한창이었습니다.

관공서에서 나온 사람들과 환경미화원 아저씨들이 큰 가래로 눈을 밀고, 모래와 염화칼슘을 뿌리느라 구슬땀을 흘리고 있었습니다. 꼭 눈과 한판 붙고 있는 것 같았습니다.

신부님은 지척지척 다가가더니 말없이 모래포를 두 개나 들었습니다. 그러고는 모래 뿌리는 곳으로 날랐습니다. 이러기를 몇 차례 하는 동안 일이 끝났습니다.

이쯤에서 일이 끝났기에 망정이지, 더 오래했다면 신부님은 허리를 다쳤을지도 모릅니다.

"할아버지, 껌 사세요."

중앙우체국쯤에 다다랐을 때 입술이 파랗게 얼고 얼굴이 파리한 소녀가 껌을 사 달라고 신부님에게 매달렸습니다.

크리스마스가 가까워 그런지, 성금을 받으러 다니는 학생들과 물건을 파는 사람들이 제법 있었습니다.

"어디 보자."

신부님은 껌을 든 소녀의 손을 꼭 잡았습니다.

"손이 무척 차구나."

신부님은 오천 원짜리 한 장을 소녀 손에 쥐어주었습니다.

"할아버지!"

소녀는 껌도, 또 거스름돈도 받지 않고 그냥 가려는 신부님의 옷소매를 잡았습니다.

"애야, 얼마 안 되니, 그냥 다 갖거라."

"할아버지!"

소녀는 떨리는 목소리로 신부님을 불렀습니다.

"이왕 팔려면 열심히, 많이 팔거라."

신부님은 소녀의 손을 다시 꼭 잡고 말했습니다.

"어떤 어려움이 있더라도 꼭 참아야 한다."

신부님은 소녀의 등을 다독여 주고 자리를 떴습니다.

신부님의 따뜻한 마음이 소녀 마음에 머무르자 소녀 눈에 눈물이 고였습니다.

'어, 명동이 아니잖아.'

신부님은 명동 쪽으로 꺾어지지 않고 곧장 갔습니다.

'을지로로 돌아서 가실 모양인가? 어? 그것도 아니네.'

신부님은 을지로 지하도로 내려갔습니다.

"할아버지, 꽃 사세요. 오늘 한 송이도 못 팔았어요."

꽃을 파는 아저씨가 절룩거리며 신부님 발길을 막았습니다.

"꽃 한 송이에 얼마인가요?"

"천 원이오."

"열 송이만 주세요."

"열 송이나요?"

아저씨는 이 밤중에 할아버지가 꽃을, 그것도 열 송이나 산다는 게 믿기지 않았습니다.

"그래요. 열 송이."

신부님이 열 송이를 산다고 하자, 금방 아저씨는 함빡 웃는 얼굴이 되었습니다.

"젊은 양반, 지금 같은 얼굴로 꽃을 팔아 봐요. 아주 잘 팔릴 거예요. 자아, 꽃 값 받아."

신부님은 만 원을 주었습니다.

"그리고 이 꽃도 받아요."

"할아버지?"

"이 꽃은 내가 젊은 양반에게 선물하는 거야. 지금 이런 얼굴로 꽃을 팔라고."

신부님은 을지로 쪽으로 발길을 옮겼습니다.

을지로 입구 지하도 주변에는 라면 상자, 과자 상자, 술 상자 등 종이 상자들이 첫돌아기 키 높이로 다닥다닥 어깨 동무를 하고 있습니다.

상자로 둘러쳐진 그 안은 방입니다. 상자로 만든 방 안에는 웅크리고 코를 골며 자는 사람, 편지를 쓰는 사람, 술을 마시는 사람, 간혹 책을 보는 사람도 있습니다. 종이 상자로 지은 방 안에선 노숙자들이 어제 꿈꾸었던 오늘을 다 팔고, 또다시 내일의 꿈을 사고 있었습니다.

신부님은 그 아저씨들을 눈으로 찰칵, 사진을 찍었습니다. 그러고는 한적한 곳으로 가서,

조용히 성호를 긋고 기도를 드렸습니다.

"성부와 성자와 성령으로 아멘! 주님, 저 불쌍한 사람들을 보살펴 주옵소서!"

신부님은 한동안 서서 아저씨들을 지켜보다가 자리를 떴습니다.

신부님은 명동 쪽으로 나가려고 했습니다. 그때 중앙우체국 앞에서 껌을 팔던 소녀가 절룩거리며 꽃을 팔던 아저씨를 부축하고 가는 모습이 눈에 띄었습니다. 두 사람은 을지로 입구 역에서 지하철을 타려고 승강장 쪽으로 갔습니다.

'아니, 저 두 사람이……?'

신부님은 자기도 모르게 그들 뒤를 따랐습니다.

늦은 시간이어서인지 지하철 안은 한산했습니다. 신부님은 멀찍이 앉아서 두 사람을 지켜보았습니다. 소녀는 활짝 웃으며 아저씨에게 쉬지 않고 말을 했습니다. 아저씨는 소녀가 좋은지 소녀가 하는 말에 그저 벙긋벙긋 웃기만 했습니다. 신부님은 피곤이 몰려와 눈꺼풀이 무거워졌지만, 두 사람의 모습을 놓치지 않고 지켜보았습니다.

얼마를 가자 소녀와 아저씨가 일어섰습니다. 안내방송에서는 '봉천역'이라는 안내가 나왔습니다.

지하철역을 나와 얼마를 걸어 비탈길을 올라갔습니다.

'아직도 산동네가 있나?'

신부님은 고개를 갸웃거리며 그들 뒤를 밟았습니다.

두 사람은 얼마를 더 가더니, 가로등이 졸린 듯 서 있는 곳에서 발걸음을 멈췄습니다. 뒤를 따르던 신부님도 발걸음을 멈췄습니다.

"아빠, 저 분이 우리 따라오는 것 같지 않아요?"

소녀가 물었습니다.

"우릴 따라오긴? 저 분도 댁이 이 근처인가 보지."

"아니에요, 아빠. 처음 보는 분 같아요."

'아빠? 그랬었구나.'

신부님이 잠시 두 사람의 관계를 생각하고 있는데,

"누구세요?"

하고 소녀 아버지가 절룩거리며 다가왔습니다. 소녀도 뒤따라왔습니다.

"그 할아버지다!"

"영감님!"

"아빠, 내가 말씀 드렸던 그 할아버지예요."

"그러니? 내가 말했던 바로 그 어르신네다."

소녀와 아버지는 신부님을 보고 깜짝 놀라 소리쳤습니다.

"어떻게 여기까지……?"

"두 사람이 하도 정답게 가기에 부러워서 그냥 뒤따른 겁니다."

신부님는 계면쩍게 웃었습니다.

"영감님, 밤도 깊었는데, 괜찮으시다면 저희 집으로 가시죠."

"어서들 가세요. 나도 얼른 집에 가야죠."

신부님은 발길을 돌리려 했습니다.

"할아버지, 댁이 어딘지는 몰라도 할아버지 혼자 가시기

어려울 거예요."

소녀가 신부님과 팔짱을 끼었습니다.

"그러세요. 바로 저기가 저희 집입니다. 집은 누추하지만 하룻밤 모실 수 있습니다. 우리 부녀를 따뜻한 맘으로 도와주시지 않았습니까? 제게는 아주 귀한 것도 가르쳐 주시고요."

조그만 관심을 보여 주었을 뿐인데, 아저씨와 소녀는 신부님을 온 마음을 다해 맞아 주었습니다.

"많이 파셨습니까?"

할아버지는 왠지 헤어지기가 섭섭해 말을 돌렸습니다.

"보세요. 어르신께서 가르쳐 주신 대로 웃으며 파니까, 이렇게 몇 송이 남기고 다 팔지 않았습니까?"

소녀 아버지는 활짝 웃었습니다.

"할아버지, 저도 많이 팔았어요."

"순님아, 할아버지 모시고 와라. 난 어서 가서 엄마 약 주어야겠다."

아버지는 꽃 담았던 통을 들고 비탈진 길을 절름거리며 올라갔습니다.

"할아버지, 어서 가요. 아빠가 모시고 오랬잖아요."

"엄마가 어디 아프신 모양이지?"

신부님은 대답은 않고, 엄마 얘기를 꺼냈습니다.

"네."

엄마 얘기를 묻자 소녀는 조금 전과는 달리 기운 없이 대답했습니다.

"많이 아프셔?"

"……"

소녀는 신부님 물음에 대답을 않더니, 고개를 숙인 채 어깨를 살짝 들먹였습니다.

"너, 우는구나."

"우리 엄마가 불쌍해서요."

"아버지가 계시고, 또 네가 있는데 왜 불쌍하니?"

신부님은 소녀의 등을 가볍게 두드리며 물었습니다.

"그렇죠, 할아버지?"

소녀는 그렁그렁한 눈물을 옷소매로 닦으며 금방 배시시 웃었습니다.

'이렇게 착한 사람들이 왜 고통을 받아야 하나?'

신부님 마음은 상처가 생겨 몹시 아렸습니다.

함박눈이 그치고 드문드문 싸락눈이 내리는 고요한 밤입니다.

◆삼종 : 성당에서 새벽 6시, 정오, 저녁 6시, 이렇게 하루에 세 번 치는 종으로, 종이 울리면 신자들은 기도를 드린다.
◆성호 : 십자성호의 준말로 십자(十字)를 그으며 성부, 성자, 성령을 부르는 기도.

2 골목에 핀 꽃

+봉사 · 희생
"너희와 모든 이를 위하여"
−추기경의 사목(司牧) 표어

"영감님, 오늘도 나오셨네요."

"할아버지, 안녕하세요?"

옷을 단정하게 차려입은 할아버지가 집게와 비닐 봉투를 들고 골목길에 나타났습니다. 그러자 이 음식점, 저 가게에서 사람들이 나와 할아버지에게 인사를 했습니다.

국밥집 강아지 순둥이는 할아버지를 쫓아가 반갑다고 바짓가랑이에 매달렸습니다. 순둥이는 할아버지가 골목 안으로 들어서기 전부터 "킁킁!" 할아버지 냄새를 맡고 있었습니다.

　이 골목은 사람들이 벽 쪽으로 바짝 붙어서면 트럭도 다니는 아주 번잡한 길입니다.

　골목에는 조그만 가게들이 줄 지어 있습니다. 그 가게들 가운데엔 음식을 파는 음식점이 많습니다. 그래서 흔히들 말하는 먹자골목이라고 말할 수 있습니다.

　할아버지는 이 먹자골목에 어느 날 갑자기 나타났습니다. 그것도 멋쟁이 할아버지에게는 어울리지 않는 집게와 큰 비닐 봉투를 들고 말입니다.

　할아버지는 하루도 쉬지 않고 점심, 저녁때에 맞춰 하루에 두 차례씩 골목을 돌며 휴지와 담배꽁초를 주웠습니다. 또 골목에 붙은 껌도 떼었습니다. 처음엔 먹자골목 사람들은,

"별 할아버지도 다 있다."

"글쎄, 머리가 어떻게 된 게 아냐?"

하고 대수롭지 않게 여겼습니다.

할아버지는 눈이 오나 비가 오나 한 번도 거르지 않고 먹자골목에 나타났습니다. 지저분한 먹자골목을 깨끗하게 치웠습니다. 그러나 할아버지가 하루에 두 번을 치워도, 골목은 늘 어지러웠습니다. 그런데 몇 달이 지나자 먹자골목은 달라지기 시작했습니다.

먹자골목이 깨끗해지자 툭하면,

"네가 잘못이다."

"아냐, 네가 잘못이야."

서로 잘못을 탓하느라 소란스럽던 골목이 조용해졌습니다. 사람들 얼굴엔 웃음이 꽃 피었습니다.

먹자골목 사람들뿐만 아니라, 이 골목을 찾는 사람들까지 가볍고 기쁜 마음으로 지나가게 되었습니다. 지나가는 사람들도 휴지나 담배꽁초를 버리려다가 멈칫해 손에 들고, 아니 버렸다가도 다시 주웠습니다.

먹자골목 사람들은 누가 시키지 않았는데도, 자기네 가게

앞은 스스로 깨끗하게 치웠습니다.

골목이 깨끗해지자 할아버지는 저녁때 한 번만 왔습니다. 그래도 골목길은 더러워지지 않았습니다.

그러던 어느 날이었습니다.

저녁때가 지나도 할아버지가 골목에 나타나지 않았습니다.

그 다음 날 저녁도 마찬가지였습니다. 먹자골목 사람들은 퍽 궁금했습니다. 할아버지가 어떤 분인지, 어디 사는지, 할아버지에 대해 아는 사람은 단 한 사람도 없었습니다.

"병이 나셨나?"

"어디 먼 곳으로 이사 가셨나?"

먹자골목 사람들은 모이면 할아버지 얘기였습니다.

먹자골목 사람들은 할아버지에게 너무도 무관심했던 게 마음에 걸렸습니다.

그러나 할아버지가 계시지 않아도 골목은 깨끗했습니다.

장맛비가 질금질금 내리는 여름, 이른 아침이었습니다.

헐렁한 비옷에 모자를 푹 눌러 쓴 환경미화원이 골목 가게들 쓰레기통을 비웠습니다.

'어어? 환경미화원 양반이 바뀌었나?'

골목 안 사람들은 그저 환경미화원이 바뀌었나 보다 하고 생각했습니다.

휴지를 줍던 할아버지는 시간 속에 묻혀 아물아물 잊혀 갔습니다.

장마가 그쳐 골목 안이 모처럼 환했습니다. 골목 안에 오랜만에 밝은 햇빛이 들자 이른 아침인데도 닫혔던 가게 문이 열렸습니다. 가게 안에만 있던 사람들이 바깥에 나와 서성대었습니다.

그때 비가 그쳤는데도 모자를 푹 눌러 쓴 환경미화원이 수레를 끌고 왔습니다.

환경미화원을 본 국밥집 순둥이가,

"으웡, 으웡!"

꼬리를 흔들어대며 환경미화원에게로 달려갔습니다. 달

려가서는 휴지를 줍던 할아버지에게 그랬듯이 환경미화원의 바짓가랑이에 매달렸습니다.

"순둥아, 순둥아."

국밥집 아저씨는 순둥이를 불렀습니다. 순둥이는 들은 척도 안 했습니다.

"아니, 이놈이?"

국밥집 아저씨는 달려가 순둥이를 떼어 놓으려 했습니다.

"주인장, 그만두세요. 반가워서 그러는 거예요."

눌러 쓴 모자에서 귀에 익은 목소리가 났습니다.

"영감님 아니십니까? 어떻게 영감님이?"

"뭐? 할아버지가 오셨다구?"

골목 사람들이 하나 둘 모여들었습니다.

"아들놈이 모처럼 취직을 했는데, 몸져누워 얼마 전부터 내가 그 애 대신 하는 거라우. 일찍 왔어야 하는데 그만 늦잠 자는 바람에……."

할아버지는 모자를 치켜 올리고 활짝 웃으며 말했습니다.

하나밖에 없는 아들이 빈둥대며 놀다가, 아버지, 그러니까 할아버지 권유로 환경미화원이 되었습니다. 할아버지는 아들을 생각해 그동안 아들 청소구역인 골목길 쓰레기를 대신 치웠던 것입니다. 그런데 아들이 아파 어렵게 얻은 직장을 놓칠까봐, 아들 대신 수레를 끌고 쓰레기를 수거하고, 이른 아침 골목을 청소한 것이었습니다.

"영감님, 청소 끝내시고 저희 집에 들러 해장국 드세요."

"저희 집 음식도 맛보세요."

골목 안은 할아버지를 부르는 소리로 가득했습니다.

장마가 끝난 활기찬 골목 안 이른 아침입니다.

네 밥이 되고 싶어

+밥
"다른 사람에게 밥이 되어 줍시다."
-1989년 세계성체대회에서 김수환 추기경님께서 하신 말씀.

이른 아침 배추를 심은 텃밭.

아침조회 때처럼, 배추들이 앞으로 나란히 또 옆으로 나란히 줄을 맞춰 서 있습니다.

배춧잎에 매달린 이슬방울이 햇빛에 반짝, 보석처럼 영롱합니다.

그 위로 비틀비틀 잠이 덜 깬 배추흰나비가 막춤을 추며 날아갑니다.

얼핏 보면 그냥 배추밭입니다. 그러나 한 걸음 다가가서 살펴보면, 그 안에는 또 다른 세상이 있습니다.

다른 세상이라고요?

사람들이 사는 세상 말고, 다른 그 무엇들이 사는 세상 말입니다. 그 세상이 어떤 세상일까요?

배추밭을 가만히 살펴보세요. 무언가가 꿈틀꿈틀, 귀를 기울이면 신기한 소리가 들려옵니다.

"사각사각……."

"아작아작……."

여기저기서 나는 귀를 간질이는 소리. 바로 배추벌레들이 아침밥을 먹는 소리랍니다. 사람들이 사는 세상과 다른 세상이란 바로 배추와 배추벌레가 사는 세상입니다.

"쉿, 조용, 조용."

귀 밝은 배추벌레가 소리쳤습니다.

이에 모두들 먹는 것을 멈추고 숨을 죽였습니다.

"에이, 할아버지 발자국 소리가 아니잖아?"

이른 아침마다 발자국 소리에 배추밭 식구들은 바짝 긴장합니다.

"할아버지 발자국 소리가 아니야."

"그래?"

배추벌레 친구들은 죽였던 숨을 다시 쉬며 기를 폅니다.

"휴우, 어서 마저 먹자."

"사각사각."

배추벌레들은 배춧잎을 열심히 갉아먹습니다.

"너도 어서 먹어."

내가 친구들이 먹는 모습을 우두커니 보고만 있자, 배춧잎 파랑이는 어서 자기를 먹으라고 몸을 내게 내맡겼습니다.

내가 배춧잎을 안 먹는 것은 아닙니다. 배춧잎을 먹을 때마다 배추가 불쌍하다는 생각이 들어 마음에 걸리는 겁니다.

"어서 먹으라니까. 나도 흙을 거저먹고 큰 거야."

"흙을 먹어?"

"그래. 가끔 주인이 주는 거름도 먹지만, 흙을 통해 모든 걸 그냥 먹어. 그러니 흙을 먹는 거나 다름없지."

"그렇구나."

"흙은 우리에게 아낌없이 모든 걸 다 줘."

"……"

나는 파랑이 말에 할 말을 잃었습니다.

배추가 흙을 먹고 자란다는 것도 새삼 알게 되었습니다.

사람이 사는 세상은 서로 먼저 밥을 먹겠다고, 또 많이 먹겠다고 다툽니다. 그런데 배추와 배추벌레가 사는 세상은 서로 밥이 되어 주려고 하는 그런 세상입니다.

"너희는 우리들의 별이야."
"별?"
왜 별이라고 하는지는 모르겠지만, 나는 파랑이가 별이라고 하는 말에 괜스레 으쓱해졌습니다.
'모두들 징그럽다고 눈살을 찌푸리는데, 내가 별이라니?'
나는 파랑이가 하는 말을 잘못 들은 게 아닌가 귀를 의심했습니다.

어둠은 발걸음 걸음을 집 안으로 불러들입니다. 또 그 어둠은 배추밭을 고요 속에 묻어 놓습니다. 고요는 풀벌레 소리, 뒷산에서 둥지를 찾는 산비둘기 소리를 불러와 배추들과 벌레들을 편안히 잠들게 합니다.

배추들은 두 다리를 쭉 뻗고 사람 손길에 시달렸던 하루

피로를 씻어버립니다.

배추벌레 식구들도 마찬가지입니다. 발자국 소리에 신경을 쓰지 않아도 되고, 참새나 제비들의 사냥에서 해방 되어 행복합니다.

이때 제일 기다려지는 것은 검푸른 하늘에 보석처럼 반짝이는 별입니다.

하늘을 뚫고 초롱초롱한 별들이 하나 둘 얼굴을 내밀면, 우리들 마음엔 그리움의 파도가 일렁입니다.

"별!"

하고 입속으로 불러 보세요.

별을 부르기만 해도, 애잔한 그리움이 몰려옵니다.

그래 그런지 하늘의 별을 보면 울렁이는 마음이 붕 떠서, 별이 있는 하늘로 오르는 것 같습니다.

그런 우리 마음을 아는지 별들은 우리들을 어서 하늘로 오르라고 손짓합니다.

말만 들어도 가슴이 저려오는 별. 그런데 우리 보고 별이라뇨?

배춧잎 파랑이가 하는 말은 듣기 좋은 말을 늘어놓는 말 잔치인 줄로 알았습니다. 내가 저를 먹지 않아서요. 그런데 아니었습니다.

내가 무슨 말을 할지 몰라서 망설이고 있자, 파랑이가 또 입을 열었습니다.

"넌 우리들의 꿈이기도 해."

'꿈?'

사람들은 우리를 징그럽다고 멀리하고, 배춧잎을 갉아먹는다고 보이는 족족 잡아 없앱니다. 그런데 '별' 이라니, 또 '꿈' 이라니. 파랑이 말을 어떻게 알아들어야 할지 가슴이 벅찼습니다.

"걱정 말고 어서 먹어. 우리는 너희 이빨 자국이 영광의 상처이기도 해."

"그건 또 무슨 말이니?"

파랑이가 하는 말에, 나 혼자 점점 이상한 나라에 가는 길로 빠져드는 것 같았습니다.

"너희가 먹은 자국이 있어야만 우리는 유기농 농산물이라고 특별대접을 받는다구. 요즘 농약을 너무 많이 쳐서, 우리 몸에 사는 벌레를 찾아볼 수가 없잖아?"

'맞아. 채소에 사는 벌레를 '금벌레'라고도 한다지.'

내가 잠자코 있자,

"그러니 너희들이 먹은 자국이 나 있으면 그야말로 확실한 유기농이잖니."

파랑이 말을 다 듣고 나는 빙그레 웃었습니다.

"친구들이 먹다 만, 가장자리 조금만 먹을게."

나는 기어드는 듯한 소리로 말했습니다.

"맘대로 먹어. 괜찮다니까."

파랑이는 빨리 자기를 먹고 무럭무럭 자라라고 온몸을 내게 맡겼습니다.

허기만 채우고 만다는 게, 먹다 보니 그만 배가 부르도록 먹었습니다.

정말이지 사람들 속담처럼 "변소 갈 때와 나올 때" 마음이 달랐습니다.

"떴다!"

파랑이를 맛있게 먹던 친구들은 "떴다!"라는 말 한마디에 배춧잎 뒤로 숨느라 야단이었습니다. 나도 실컷 먹어 뚱뚱해진 몸을 뒤룩거리며 파랑이 뒤로 숨었습니다.

'떴다'란 할아버지가 배추밭으로 온다는 말이었습니다.

"땅땅, 땡땡······."

용철이가 깡통을 두드리며 할아버지 뒤를 따라왔습니다.

용철이를 본 우리들은 마음이 좀 놓였습니다.

"어서 오지 않고 뭐 해?"

"할아버지는 매일 매일 배추벌레만 잡아."

용철이는 잠이 덜 깨었는지, 하품을 늘어지게 하며 혼잣말로 투덜댔습니다.

"이놈아, 우리가 먹을 것을 배추벌레가 다 갉아먹어도 좋으냐?"

"배추벌레가 먹으면 얼마나 먹는다고요? 벌레 먹은 자국이 있으면 장에 내다 팔아도 제값을 받잖아요. 또 배추벌레는 예쁜 나비가 되고요."

용철이는 할아버지에게 지지 않았습니다.

"나비가 밥을 주니, 떡을 주니? 어유, 이 벌레 좀 봐. 어서 깡통이나 갖다 대라."

할아버지는 용철이 말을 귓전으로 듣고, 배추벌레를 잡아 용철이가 들고 있는 깡통에 쉴 새 없이 넣었습니다.

"이놈들 실컷 먹어 몸을 제대로 가누지도 못하는군."

친구들은 제대로 움직이지 못해 할아버지 부집게에 잡혔습니다. 나도 파랑이 뒤로 더 깊이 몸을 숨기려 했습니다. 그런데 몸이 무거워서 말을 듣지 않았습니다. 할아버지의 뜨거운 콧김이 내 등에 닿았습니다.

'아이쿠, 이젠 끝장이구나!'

온몸이 얼어붙는 것 같았습니다.

그래도 나는 정신을 차리고 있는 힘을 다해, 파랑이 끝 쪽으로 가서 뒤로 넘어가려 발을 옮겼습니다.

"어머나!"

나는 몸의 중심을 잃고 그만 땅바닥으로 굴러떨어졌습니다.

"이놈들 봐라. 너무 먹어 구르기까지 하는군."

할아버지는 땅바닥에 떨어진 나를 부집게로 꼭 집어 깡통에 털어 넣었습니다.

'이젠 죽었구나.'

눈앞이 캄캄했습니다.

그런데 그때,

'내가 정말 별과 꿈일까?'

이런 생각이 스쳐 지나갔습니다.

할아버지의 부집게가 친구들을 보이는 족족 잡아 깡통에 넣었습니다.

"할아버지, 그만 잡자."

용철이가 투정 섞인 말을 하자,

"이만하면 오늘 아침도 닭들에게 진수성찬이 되겠는데. 그래, 그만 가자."

쭈그리고 앉았던 할아버지는 엉덩이를 들어 허리를 몇 번 두드리며 일어났습니다.

"이제 죽었다!"

할아버지 젓가락에 잡힌 깡통 안 친구들은 울상이었습니다.

죽는 것도 죽는 거지만, 깡통 안은 친구들로 켜켜이 쌓여, 숨도 제대로 못 쉴 정도로 답답했습니다. 게다가 숨을 쉬려 서로 밟고 올라가려 아우성이어 더 힘이 들었습니다.

나는 밟고 올라갈 힘도 없어서, 파랑이가 내게 제 몸을 맡기듯 친구들에게 몸을 내맡겼습니다.

몸을 내맡기자 아까와는 달리 편안해졌습니다.

할아버지는 닭장 문을 열며,

"이거 먹고 알 잘 낳겠는데."

라고 말했습니다.

'닭들이 우리를 먹고 알을 잘 낳겠다구?'

할아버지 말에 파랑이 말이 떠올랐습니다.

"실컷 먹어. 너희는 우리들의 별과 꿈이야."

라는 말이…….

'그래, 나는 별과 꿈이 될 수 있을지도 몰라. 그렇지만 닭들의 밥이 되어 먹음직스런 달걀이 되자.'

이렇게 마음을 먹으니 한구석에 남아 있던 무섭고 불안했던 마음이 더 차분하게 가라앉았습니다.

할아버지가 깡통을 두드리며 닭장 앞으로 가자,

"꼬꼬댁 꼭꼭……."

닭들은 벌써 제 먹이를 가져온 줄 알았습니다. 닭들은 서로 먼저 먹겠다고 목을 쭉 빼고 소리를 내지르며, 닭장 앞으로 달려들었습니다.

'그래, 날 먹고 무럭무럭 자라 튼실한 알을 낳거라.'

나도 내 몸을 송두리째 닭에게 주려고 부집게 가까이 가려 했습니다.

할아버지는 부집게로 친구들을 닥치는 대로 집어 닭장 안으로 내던졌습니다. 닭들은 친구들이 땅에 떨어지기도 전에 날쌔게 받아먹었습니다.

서로 먼저 먹으려고 "꼬꼬댁" 거리며 날지도 못하는 날개를 펴고 날듯이 부집게를 향해 덤벼들었습니다.

그런데 나는 좀처럼 부집게에 잡히지 않았습니다.

"난 이제 호박밭을 보고 와야겠다. 용철아, 이젠 네가 주거라."

할아버지는 깡통을 용철이에게 맡겼습니다.

할아버지가 닭장에서 자리를 뜨자, 용철이는 더 이상 닭들에게 친구들을 주지 않았습니다. 용철이는 나와 몇몇 친구들이 있는 깡통을 들고 배추밭으로 갔습니다.

용철이는 깡통을 거꾸로 들고 땅땅 털며 말했습니다.

"너희들은 배춧잎을 실컷 먹고, 나비가 되어 훨훨 날아라."

"아이구!"

우리들은 곤두박질쳐 배추밭에 떨어졌습니다.

"살았다. 살았어! 용철아, 고맙다."

친구들은 좋아했습니다.

나는 친구들과는 달리 뭔가 모르게 서운했습니다.

파랑이가 내게 몸을 맡겨 밥이 되어 준 것처럼, 나도 닭에게 밥이 되어 알찬 달걀을 낳게 해야 했는데…….

"애, 잘 왔어."

파랑이가 반겼습니다.

"잘 오긴? 나도 너처럼 밥이 되려고 했는데."

밥이 되어 구멍이 숭숭 뚫린 파랑이를 보며 힘없이 말했습니다.

"넌, 벌써 밥이 된 거야."

"그게 무슨 소리야?"

"몸도 중요하지만, 마음이 더 중요하거든."

파랑이가 무슨 말을 하는지 어렴풋이 알 것 같았습니다.

"넌 밥이 되고도 남았어."

"……."

"날 어서 먹고 기운 차려."

파랑이가 몸을 내맡겼는데도 먹을 기운이 없었습니다. 미안한 마음이 들어 그런 것은 아니었습니다. 먹고 싶지 않고, 그저 가만히 있고 싶었습니다.

'내가 왜 이러지?'

온몸이 나른한 게 졸음이 쏟아졌습니다.

"얘!"

파랑이가 소리쳐 불렀습니다. 아주 먼 곳에서 부르는 소리같이 들려왔습니다.

"응."

"너는 이제 곧 잠을 자게 될 거야. 우리들의 별과 꿈이 되려고."

"별과 꿈?"

"그래. 그 전에 네가 잊지 말아야 할 게 있어."

"뭔데?"

"우리는 말이야."

"우리?"

"그래, 우리. 우리는 네가 있기에 내가 있고, 내가 있기에 네가 있는 거란다. 이 말 잊지 마라."

나는 힘이 없어 그만 땅바닥에 툭 떨어지고 말았습니다.

"휴우……."

흙냄새가 나를 다시 깨웠습니다.

나는 온힘을 다해 배추밭 가장자리 나지막한 돌담으로 기어 올라갔습니다.

먹지 않아 힘이 없었는데, 그런 힘이 어디서 났는지 알 수가 없었습니다.

나는 돌 틈에 몸을 기댔습니다.

잠이 쏟아졌습니다.

얼마만큼 잤을까, 내 몸이 근질근질했습니다.

'아니!'

나는 껍질 안에 갇혀 있었습니다.

온몸이 가려워 껍질에 몸을 기대어 움직이며 긁었습니다.

몸을 긁어대자 온몸이 오그라드는 것 같더니,

"찌지직……."

얇은 종이가 구겨지는 듯한 소리가 나고 껍질에 금이 갔습니다.

껍질 금 사이로 빛이 쏟아졌습니다.

"아아……."

눈이 부셨습니다.

눈이 부셔 몸을 움찔거렸습니다. 두 어깨가 간지럽더니 마치 바깥쪽에서 누가 잡아당기는 것 같았습니다.

'어어?'

두 어깨에 뭔가가 솟아났습니다.

두 어깨에 솟은 무엇 때문에 몸이 비틀거렸습니다.

나는 균형을 잡으려 앞으로 몇 걸음 나아갔습니다.

"어라?"

나는 배추밭 위로 붕 떠올랐습니다.

"나비다! 내가 나비가 됐어."

나는 파랑이와 배춧잎들에게 소리쳤습니다.

"내 밥이 되어 주어 고마웠어."

파랑이와 배춧잎들이 나를 향해 힘껏 손을 흔들었습니다.

"너도 누군가의 밥이 되어 주면 돼."

4 고깃국

+참사랑
"저는 하느님 앞에 부끄러운 사람입니다. 말로만 사랑을 말하고 참사랑을 제대로 실천하지 못했습니다"
−2002년 12월 송년 인터뷰에서

"엄마, 콩나물국 얼큰하게 끓여 놨으니 꼭 잡수세요."

민주는 학교로 가는 발걸음이 잘 떼어지지 않았습니다. 밤새도록 열이 나고, 헛소리를 하며 끙끙 앓은 엄마를 두고 학교에 가야 하니 말이에요.

"엄마 걱정 말고, 어서 학교 가. 좀 누워 있으면 괜찮아질 거야."

엄마는 뜨이지 않는 눈을 억지로 힘주어 뜨고, 일어나 앉으려 했습니다.

"엄마, 오늘 일 나가지 마세요."

민주는 일어나려는 엄마 어깨를 살며시 눌렀습니다. 그러고는 아픈 몸을 이끌고 일 나갈지도 모를 엄마를 걱정했습니다.

"알았다, 알았어. 학교 늦겠다. 얼른 가."

민주는 마음을 엄마 곁에 매어두고 학교로 갔습니다. 학교에서도 엄마 생각에 선생님 말씀이 귀에 들어오지 않았습니다. 공부를 하면서도 아이들과 수다를 떨면서도 그저 엄마 생각뿐이었습니다.

민주는 수업이 끝나자마자 한걸음에 집으로 달려갔습니다.

"엄마!"

마음이 급한 민주는 반 지하 층계를 내려가며 엄마를 불렀습니다.

"이제 오니? 아무래도 엄마 모시고 병원에 가봐야겠다."

민주네 옆방에 사는 할머니가 방문을 빼끗 열고 근심 어린 얼굴로 민주에게 말했습니다.

민주는 가슴이 철렁 내려앉아, 숨을 고르고 할머니에게 여쭈었습니다.

"엄마가 많이 아프셔요?"

"그래, 어서 가 보렴. 아마 제대로 먹지 못해 난 병일 게야. 양지머리를 푹 고아 먹으면 기력을 회복할 텐데."

병원이라는 말에 달뜬 민주 마음에 '양지머리'라는 말이

푹 꽂혔습니다.

　방문을 열자, 엄마는 어둠 속에 그림처럼 누워 있었습니다. 상도 아침에 봐 놓은 그대로였습니다.

　'큰일이구나.'

　웬만큼 아파도 밥이 힘이라며 한 그릇 뚝딱 해치우던 엄마였는데, 아침을 잡숫지 않은 걸 보니 몹시 아픈 모양입니다.

　"엄마, 병원 가요."

　민주는 이불을 걷었습니다.

　"괜찮아. 오늘 하루 지나면 날걸."

　엄마는 무거운 눈을 뜨고 민주를 바라보며 빙그레 웃었습니다.

　민주 마음을 놓이게 하려는 엄마 표정, 민주는 더 마음이 아렸습니다.

　"어서, 병원 가요."

　민주는 눈물을 글썽이며 엄마 손을 잡아끌었습니다.

"괜찮다니까. 콩나물국이나 데워라. 먹고 힘을 내야겠다."

"알았어요."

콩나물국을 먹겠다는 엄마 말에 민주는 좋아했습니다. 그러나 그것은 잠시였습니다. 할머니가 말한 양지머리 생각이 났기 때문입니다.

민주는 엄마 몰래 돼지저금통을 들고 부엌으로 가서 여러 번 붙인 테이프를 떼었습니다. 얼마 전에 째어 운동화를 사서 저금통에서는 얼마 나오지 않았습니다.

민주는 그 돈을 가지고 옆집 할머니에게로 가서 여쭸습니다.

"할머니, 양지머리가 뭐예요?"

"소 가슴살인데, 국거리야. 그걸 푹 고아 드려 봐."

민주는 할머니 말씀을 귀에 잘 담고는 정육점으로 달려갔습니다.

"민주가 웬일이냐?"

좀처럼 고기를 사러 오지 않던 민주가 오자 정육점 할아버지는 새삼스레 민주를 반겼습니다.

"할아버지, 양지머리 있죠?"

민주는 숨을 할딱이며 여쭸습니다.

"숨 넘어 가겠다. 숨이나 고른 다음에 말하렴. 고기를 파는 정육점인데 그게 없겠니?"

"그것 좀 주세요."

"얼마나?"

민주는 돼지저금통에서 꺼낸 십 원짜리와 백 원짜리 그리고 드문드문 오백 원짜리 동전이 든 깡통을 꺼내 놓았습니다.

"저금통을 깬 모양이구나. 이게 대체 얼마니?"

"삼천이십 원이오."

"삼천이십 원이라……."

"할아버지, 돈이 더 있어야 하나요?"

할아버지가 망설이자 민주는 돈이 모자라는 게 아닌가 하고 여쭸습니다.

"꼭 그렇지는 않지만……. 집에 손님이 오셨냐?"

할아버지는 고개를 갸웃하며 물었습니다.

저금통을 깨서까지 고기를 사러 온 민주에게 어떤 사연이 있어 보여서였습니다.

"손님은요? 엄마가 많이 아파서요."

'그러면 그렇지.'

할아버지는 수수께끼가 풀려 활짝 웃으며 말했습니다.

"엄마가 아프면 모시고 병원부터 가야 하잖니?"

"옆집 할머니가 그러시는데, 양지머리를 고아 먹으면 힘이 날 거라고 해서요."

"그랬었구나."

정육점 할아버지는 냉장고에서 고기를 꺼내 썩썩 베어 비닐에 두르르 말아 주었습니다.

민주는 옆집 할머니가 가르쳐준 대로 고깃국을 끓였습니다.

"아니, 이게 무슨 냄새냐?"

엄마가 고깃국 냄새를 맡고 방문을 열었습니다.

"고깃국을 잡수시면 힘이 난다고 해서요."

민주는 자랑스럽게 말했습니다.

"너 그 돈 어디서 났니?"

깜짝 놀란 엄마가 눈을 부릅뜨며 물었습니다.

"제 저금통에서요."

"짼 지 얼마 되지 않은 저금통을 또 쨌단 말이냐?"

"엄마가 얼른 나아야죠."

엄마는 대꾸를 않더니, 스웨터로 몸을 감싸고 부엌으로 나오려 했습니다.

"엄마, 왜 일어나셨어요?"

"어서 정육점에 가자."

엄마는 민주 손을 거칠게 잡아끌었습니다.

"엄마, 왜 이러세요?"

"그 저금통 돈으로는 어림도 없다."

"삼천 원이 넘었는데요……."

민주는 엄마가 왜 그러는지를 몰랐습니다.

"너 어디서 난 돈으로 샀니?"

"저금통 깼다니까요."

"그 돈 가지고, 고기 못 사."

"엄마, 나쁜 짓해서 산 거 아니에요."

"언제 나쁜 짓해서 샀다고 그랬냐?"

엄마는 민주를 의심해서가 아니었습니다.

저금통 돈이 고기값에 턱없이 모자라는데 혹시 정육점에서 고기를 잘못 팔지는 않았나, 아니면 민주가 무슨 실수라도 했나 알아보고 싶어서였습니다.

"이천 댁, 아프다더니 웬일이유?"

엄마 고향이 경기도 이천이어서 동네 사람들은 엄마를 이천 댁이라 부릅니다.

"우리 민주한테 고기 잘못 파시지 않았나 해서요."

"잘못 팔긴?"

"그렇다면 혹 민주가 뭐 실수하지 않았나 해서요? 어르신, 어서 말씀해 주세요. 민주가 가진 돈으로는 턱없이 모자라는데, 많은 고기를……."

고깃국

할아버지는 잠자코 민주 엄마를 바라보았습니다.

"어르신."

민주 엄마 목소리가 가늘게 떨렸습니다.

"이천 댁, 민주는 아픈 엄마를 위해서 제가 가진 것을 몽땅 내놓았잖아."

"……."

할아버지 말에 민주 엄마 눈에 눈물이 맺혔습니다.

"내가 고기 몇 칼 더 베어 준 게 뭐 그리 대단한가?"

"……고맙습니다, 어르신."

"고맙긴. 내, 민주 마음에 비하면 부끄러울 따름이지. 그러니 다른 생각 말고 어서 가서 먹고, 민주를 봐서라도 몸 조리 잘하게."

할아버지 목소리에 촉촉한 눈물이 배어 있었습니다.

"민주야."

민주 엄마는 민주 손을 꼭 쥐고 정육점을 나섰습니다.

5 아름다운 바보

+바보
"제가 잘났으면 뭘 그렇게 크게 잘났겠어요.
다 같은 인간인데 안다고 나대는 것이 바보지.
그런 식으로 보면 내가 제일 바보스럽게 살았는지도 몰라요."
-2007년 '동성 고등학교 100주년 기념 특별 전시회'에 〈바보야〉라고 쓴 자화상을 내놓은 뒤

'더 내지 않으려면 내일까지 꼭 내야 한다구?'

돌쇠 아저씨는 마음이 철렁 내려앉았습니다.

점심때가 지났으니 내일이라고 해 봐야, 시간이 얼마 남지 않았기 때문입니다.

점심때 세무서에서 나온 직원이 내일까지 세금을 내지 않으면, 이자를 가산해 세금을 더 내야 한다고 했습니다.

이 얘기를 들은 돌쇠 아저씨는 주인어른이 세금을 더 물게 된다는 데에 정신이 아찔했습니다.

주인어른 은덕을 톡톡히 입고 사는 이 마당에 더 보태드리지는 못할망정, 피해를 끼치게 한다는 것은 돌쇠 아저씨에게는 말도 안 되는 일이었습니다.

돌쇠 아저씨는 마음이 급해졌습니다.

"여보, 나들이옷 좀 찾아 놓구려."

나들이옷이라야 고작 장날에 입고 가는 옷입니다.

수중에 몇 천 원밖에 없는 돌쇠 아저씨는 여비를 마련하느라 이 집 저 집 바삐 다녔습니다.

여비를 마련한 돌쇠 아저씨는 나들이옷을 입고 텃밭에서 뜯은 싱싱한 푸성귀를 괴나리봇짐에 넣어 덜렁 지고는 읍내 차부로 달려가다시피 갔습니다. 예전에는 터미널을 차부라고 했습니다.

신작로에는 엄마 말 안 듣는 코스모스 꽃이 일찍 피어, 오가는 사람들에게 손을 흔들어 댔습니다. 차부에는 서울로 가는 버스가 다른 차들보다 한 뼘 정도 고개를 앞으로 쑤욱 내밀고, "부릉 부릉" 시커먼 방귀를 뀌어 댔습니다. 곧 떠나니 어서 타라는 부름이었습니다.

"시텁(스톱)!"

마음이 급한 돌쇠 아저씨는 부릉거리는 차에 대고 크게 소리를 질렀습니다.

"서울 가죠?"

돌쇠 아저씨는 대답도 듣기 전에 자리를 잡고 등에 진 괴나리봇짐을 의자에 내려놓았습니다.

저녁 8시에 서울 도착한다니까 주인어른댁서 하룻밤 묵고 내일 아침 첫차로 내려오면, 세금 내는 것은 문제가 아니었습니다. 돌쇠 아저씨는 참 잘한 일이라 생각하며 기분 좋게 씨익 웃었습니다.

"아저씨, 가만 앉아 있어도 서울에 가니까, 제발 자리에 좀 앉아 계십시오."

돌쇠 아저씨가 버스 안에서 앉았다 일어섰다 안절부절못하자 기사 아저씨가 주의를 주었습니다.

"그건 아는데, 맴이 급하니까 가만 앉아 있을 수가 없네요."

돌쇠 아저씨 마음은 정말 급했습니다.

시간을 따져 보고 또 따져 봐도, 서울 주인어른댁에 가서 세금 낼 돈을 받아다가 내일 아침 일찍 내려오면 시간은 넉넉했습니다. 그러나 마음은 넉넉하지가 못했습니다.

'내가 누구 땜에 오늘까지 살고, 짝을 지어 자식새끼 낳고, 핵교까지 보내며 살고 있는데……'

돌쇠 아저씨는 그저 주인어른에 대한 고마움밖에 생각할 수가 없었습니다.

"주인어른, 돌쇠입니다요."

돌쇠 아저씨는 대문에 벨이 있는데도, 벨을 누르지 않고

대문을 두드렸습니다. 문을 두드리며 몇 번을 소리치자,

"아니? 김 서방이 아닌가?"

주인어른이 나와 깜짝 놀라며 물었습니다.

명절이나 되어야 가끔 오던 돌쇠 아저씨가 늦은 시간에 왔으니 놀랄 수밖에요.

"그래, 무슨 일인가?"

돌쇠 아저씨는 세무서원 얘기를 자세하게 전했습니다.

돌쇠 아저씨 말을 다 듣고 난 주인어른은 아무 말 않고 빙그레 웃기만 했습니다.

그러자 돌쇠 아저씨는 뭐 잘못한 일이 있는 게 아닌가 덜컥 걱정이 일었습니다. 돌쇠 아저씨의 얼굴이 금세 발그레한 저녁노을이 되었습니다.

주인어른은 돌쇠 아저씨를 조용히 불렀습니다.

"김 서방."

"예, 주인어른."

"여기까지 올 노자는 어떻게 구했나?"

"그야, 배나무 집 이 서방한테 꾸어 왔죠."

"잘했네. 이제 돈을 꿀 줄도 아는구먼."

"그러면요, 급한 일인데요."

주인어른은 더 말을 하려다가 슬며시 입을 다물었습니다.

오로지 세금을 제 날짜에 내어 주인어른에게 폐를 끼치지 않겠다는 돌쇠 아저씨의 그 마음. 그 마음이 주인어른의 마음에 일렁였던 것입니다.

오로지 한 마음으로 먼 길을 마다 않고 한걸음으로 달려온 돌쇠 아저씨.

남들이 보기에는 돌쇠 아저씨가 바보스럽게 보일지도 모릅니다. 그렇지만 주인어른에게는 그 누구보다 믿음직스러운 사람이었습니다.

주인어른 마음이 눈물에 푹 젖었습니다.

6 참 좋은 친구

+희망과 사랑

"성화를 여기 밝힌 목적은 장애자 올림픽을 계기로 장애자에 대한 우리의 관심을 드높이기 위해서입니다. 즉 우리 자신을 비롯하여 교회의 모든 이가, 나아가 우리 사회의 모든 이가 이 횃불처럼 장애자에 대한 사랑의 불을 밝히자, 하는 의미가 있습니다. 또 하나는 이 횃불은, 저 자신의 해석일 수 있겠습니다만, 장애자들이 자신들이 겪는 시련을 용감히 극복함으로써, 우리를 위하여 밝히고 있는 희망과 사랑의 등불입니다."
—1988년 10월 15일, 장애인 올림픽 성화 명동성당 안치 및 장애인을 위한 미사 강론

이른 아침.

온 마을이 난리가 난 것처럼 사람들이 바삐 움직였습니다.

거리를 쓰는 사람,

쓰레기를 치우는 사람,

장마로 패인 길을 흙으로 메우는 사람,

마을은 일하는 사람들로 북적였습니다. 길거리뿐이 아닙니다. 집에서는 여인들이 집 안 구석구석을 쓸고 닦고 깨끗

하게 청소하느라 야단이었습니다.

경수는 느티나무 아래서 이런 모습을 지켜보며 혼자 실실 웃었습니다.

경수는 마땅히 갈 데가 없습니다. 집에서도 거리에서도 가로고친다고 경수를 쫓아냈습니다. 그래서 경수는 마을을 지킨다는 느티나무를 찾아온

것입니다. 이곳은 경수가 늘 찾아오는 곳입니다. 느티나무만은 경수 마음을 알아주니까요.

"아침부터 저 사람은 누구지?"

경수는 동구밖을 보며 혼잣말을 했습니다.

웬 낯선 사람이 마을 쪽으로 오고 있었습니다.

껑충한 바지에 헐렁한 웃옷을 걸치고 삿갓을 눌러 쓴 수염 더부룩한 사나이가 마을로 왔습니다. 수염을 길렀다기보다는 깎지 않아 볼품없이 자랐다는 게 더 맞을 것 같습니다.

그런데 경수 눈에는 왠지 그 모습이 낯설지 않았습니다.

"멍멍!"

심심해하던 마을 개들이 먼저 나와 낯선 사람 주위를 돌며 짖어댔습니다.

마을 사람들은 일손을 놓고 바라보았습니다.

"퉤퉤! 아이, 재수 없어."

"그러게 말이야. 길 치우면 거지가 지나간다더니……."

마을 사람들은 낯선 사람을 안 좋아했습니다.

낯선 사람 옷차림이 거지와 가까웠기 때문입니다.

낯선 사람은 짖어대는 개들을 물리치며 일하는 사람들에게 물었습니다.

"오늘이 마을 대청소 날인가요?"

낯선 사람은 패인 길을 흙으로 메우던 사람들에게 물었습니다.

"……."

사람들은 대답을 하지 않았습니다. 차림새가 더러워서 상

대하기 싫은 것입니다.

사람들이 말 상대를 해 주지 않자 낯선 이는 멍하니 서 있었습니다. 경수가 다리를 절룩이며 낯선 사람에게 다가갔습니다.

"아저씨, 이따가 아주 높은 어르신네가 우리 마을에 오신대요. 그래서 이렇게 청소를 하는 거예요."

경수는 누런 코를 훌쩍 들이마시며 마을 사람 대신 대답했습니다.

"저리 가. 너 같은 바보가 뭘 안다고 끼어들어?"

마을 사람이 경수를 나무랐습니다.

"아저씨들이 얘길 안 해 주니까 그렇죠."

경수는 떨어질 듯한 누런 코를 한 번 더 들이마시고 말했습니다.

경수는 다리를 저는 데다가 조금 모자라 바보라고 놀림받고 따돌림 당하는 아이였습니다.

"고맙다, 친구야."

"히히히."

경수는 친구라는 말에 좋아서 활짝 웃었습니다.

"바보야, 멍청아!"

집에서나 바깥에서나 늘 이런 소리만 듣다가, 아이도 아닌 어른이 친구라고 부르는 바람에 기분이 좋았던 겁니다.

경수는 낯선 이에게 마구 짖으며 달려드는 개들을 쫓고 나서 물었습니다.

"아저씨는 어디 가시는 거예요?"

"그냥 이 길을 따라 가 보는 거란다."

경수는 낯선 이를 뚫어지게 보더니,

"아저씨가 아니라 쪼끔은 할아버지네."

하고 고개를 갸웃거렸습니다.

"그래, 할아버지인데 네가 아저씨라고 부르니까 좋구나."

낯선 사람이 좋다니까 경수가 활짝 웃었습니다.

"이 길을 따라가면요, 안골이 나오고요. 호랑이가 산다는 뒷산을 넘으면 한양을 질러가는 길이 나온대요."

경수는 신바람이 나서 낯선 사람을 따라가며 말했습니다.

"그렇구나. 고맙다, 친구야."

"나는 아저씨 친구가 될 수 없어요."

"어째서?"

낯선 이는 경수가 하는 말에 호기심이 생겨 물었습니다.

"전 나이도 어린 데다가……."

경수는 말끝을 흐렸습니다.

"어린데……. 어서 그다음을 말해 보렴, 꼬마 친구야."

"난, 바보 천치거든요. 그래서 아저씨 친구가 될 수 없어요."

"그렇지 않단다. 너같이 맘씨 좋고 친절한 아이는 누구에게나 좋은 친구가 될 수 있단다."

"정말요?"

"정말이다마다."

"고맙습니다, 아저씨."

경수는 너무 좋아서 넙죽 절을 하고, "멍멍" 짖으며 달려

드는 개들을 헤치고 낯선 이와 안골 입구까지 길동무했습니다.

"고맙다. 친절한 친구야."

친구라는 말을 들은 경수는 마음이 든든해졌습니다.

그날 점심때가 지나고 저녁때가 지나도, 그리고 그 다음 날 또 그 다음 날이 지나도 마을 사람들이 기다리는 높은 사람은 오지 않았습니다. 높은 사람이 안 온다고 마을 사람들은 툴툴거렸습니다. 닷새가 지나고 툴툴거림도 가라앉을 무렵이었습니다. 점심때쯤 풍악을 울리며 으리으리한 가마가 마을로 들어왔습니다. 마을 사람들은 모두 달려나와서 가마에 대고 절을 했습니다.

가마에 둘러선 포졸들이 마을 사람들에게 물었습니다.

"마음씨 고운 아이가 어디 사나요?"

"마음씨 고운 아이라고요? 우리 마을에는 그런 아이가 없는데요?"

마을 사람들은 시큰둥하게 대답했습니다. 높은 사람이 고

작 아이를 찾으러 왔다니 그럴 수밖에요.

"비단결 같은 마음을 가진 아이가 여기 산다고 했는데?"

포도대장인 듯한 사람이 가마 안에 있는 사람에게 뭐라고 말했습니다.

"그럼, 우리 높은 어르신을 만난 아이는 누구인가요?"

"높은 어르신이라고?"

그제야 마을 사람들은 웅성대기 시작했습니다.

마을 촌장이 얼른 포도대장에게 머리를 조아리며,

"마을을 잘못 찾으신 모양입니다. 우리 마을엔 높은 어르신을 만난 아이는 없습니다."

하고 말했습니다.

포도대장은 다시 가마 안에 고개를 들이밀었다가 빼며,

"그렇다면 며칠 전 어른과 친구를 맺은 아이는 누구인고?"

그 말에 경수는 소매로 콧물을 훔치며 쭈뼛쭈뼛 앞으로 나갔습니다.

친구라는 말에 귀가 번쩍였지만, 혹시나 어른 말을 잘 안 들은 게 있어 저를 잡아가려는 줄 알았습니다. 경수는 얼른 포도대장 앞에 무릎을 꿇고 뭐든 잘못했으니 용서해 달라고 싹싹 빌었습니다.

가마 휘장이 젖혀지고 가마에서 높은 사람이 내렸습니다.

"친구야, 고개를 들어 나를 보거라."

"아니!"

경수는 높은 사람이 "친구야" 하고 부르는 바람에 깜짝 놀라 고개를 들었습니다.

"아저씨!"

경수는 높으신 분에게 와락 안겼습니다.

"내가 찾던 사람이 바로 이 아이니라."

마을 사람들은 어리둥절해했습니다.

"마을을 깨끗하게 청소하는 것도 좋지만, 마을에 오는 낯선 사람들을 친절하고 반갑게 맞아 주는 것도 아주 중요하느니라. 내가 이 마을에 들어섰을 때, 이 마을에서 이 친구가 나를 가장 반갑게 맞아 주었노라."

높은 사람은 경수 손을 꼭 쥐고 말했습니다.

마을 사람들은 그저 어안이 벙벙할 따름입니다.

7 하늘이 준 선물

+희망과 사랑

"성화를 여기 밝힌 목적은 장애자 올림픽을 계기로 장애자에 대한 우리의 관심을 드높이기 위해서입니다. 즉 우리 자신을 비롯하여 교회의 모든 이가, 나아가 우리 사회의 모든 이가 이 횃불처럼 장애자에 대한 사랑의 불을 밝히자, 하는 의미가 있습니다. 또 하나는 이 횃불은, 저 자신의 해석일 수 있겠습니다만, 장애자들이 자신들이 겪는 시련을 용감히 극복함으로써, 우리를 위하여 밝히고 있는 희망과 사랑의 등불입니다."
-1988년 10월 15일, 장애인 올림픽 성화 명동성당 안치 및 장애인을 위한 미사 강론

햇빛을 받아 금빛 수를 놓으며 흐르는 양재천.

그 양재천에 하늘이, 또 흰 구름이 내려와 누워 있습니다. 양재천은 흰 구름이 두둥실 떠가는 가을 하늘입니다.

아기바람은 하늘을 담고 또 흰 구름을 안고 가는 양재천이 샘이 나서 슬쩍 제 얼굴을 비춰 보았습니다. 하지만 얼굴은 보이지 않고, 흰 머리카락이 몇 갈래씩 삐죽삐죽 솟은 갈대만 비쳤습니다.

아기바람은 양재천을 따라 흐르다가 또 거슬러 오르기를 몇 번 되풀이했습니다. 그러다가 머리를 들고 우뚝 솟은 대모산으로 달려갔습니다. 대모산 자락으로 접어들자 옹기종기 머리를 맞대고 서 있는 비닐하우스 마을이 나왔습니다.

비닐하우스 마을 입구에는 달리아와 과꽃이 얼굴을 맞대고 활짝 웃고 있습니다. 비닐하우스 집집마다 놓인 깡통과 플라스틱 화분에는 코스모스며 깨꽃이 바람에 고개를 흔들어대며 오가는 이들을 반기고 있습니다. 더러는 가을빛을

받아 얼굴이 붉은 고추도 매달려 있습니다.

비닐하우스 마을의 소박한 꽃들은 널따란 땅에 잘 다듬어진 아파트 공원 나무들보다 훨씬 더 지나다니는 사람들의 발걸음을 멈추게 합니다.

코스모스꽃들이 줄지어 선 비닐하우스 집 골목입니다. 그 골목 어귀엔 나무 상자가 놓여 있는데, 상자 속에 백일홍과 맨드라미가 예쁘게 피어 있어 조그만 꽃밭을 이루고 있습니다. 그곳에 한 소년이 쪼그리고 앉아 있습니다.

할머니가 소년의 손을 잡아끌며 말했습니다.

"걱정 마, 누나 곧 올 거야."

"조금만 더 기다려 볼게요."

소년은 일어나려 하지 않았습니다.

"걱정 말래두."

할머니는 쏟아지는 가을빛을 피하게 하려 소년을 잡아끌고 집으로 가려 했던 것입니다. 그런데 소년은 누나를 더 기다리겠다고 버텼습니다.

'도대체 소년은 누나를 왜 그토록 기다리는 걸까?'

궁금해진 아기바람은 자리를 뜨지 않고 소녀와 할머니 주위를 맴돌았습니다.

비닐하우스 마을 사람들은 생명을 소중하게 여기는 마음을 가졌나 봅니다. 한 뼘의 땅이라도 얼굴을 내미는 맨땅이 있으면 배추도 심고, 무도 심고, 또 옥수수도 심어 가꾸었습니다.

게다가 집집마다 꽃을 가꾸어 마을은 꽃 대궐 같았습니다. 같은 서울인데도 길 건너 아파트촌과는 그 풍경이 사뭇 달랐습니다.

"누나!"

소년이 벌떡 일어나 갑자기 누나를 부르며 뛰어내려갔습니다.

할머니는 눈이 침침해 잘 보이지 않는지, 두 눈을 손으로 문지르며 소년이 뛰어내려간 곳을 뚫어지게 바라보았습니다.

"누나!"

소년은 고등학생인 듯한 여학생 품에 안겼습니다.

"할머니도 나오셨네."

누나는 동생 손을 잡고 할머니에게로 달려왔습니다.

"할머니, 걱정 마세요. 사장님께서 칭찬해 주시며 더 있으라고 했어요."

누나는 뽐내며 말했습니다.

"누나, 그게 정말이야?"

"그럼, 누나가 왜 거짓말하겠니? 할머니가 그러셨잖아. 정직과 진실은 꼭 이긴다고. 사장님한테 칭찬도 받았다."

누나는 분홍색 과꽃처럼 활짝 웃으며 좋아했습니다.

할머니가 폐지와 고물을 모아 살림을 꾸리지만, 누나는 실제로 세 식구의 가장이나 다름이 없습니다.

고등학교 1학년인 누나는 집안 살림을 돕겠다며, 얼마 전부터 학교 수업이 끝나는 대로 빵집에서 일했습니다. 밤 10시까지 그리고 토요일은 밤을 새워 빵을 팔았습니다.

누나가 빵집에서 일을 하게 된 지 얼마 되지 않아서였습니다. 누나는 빵집 일을 그만두게 될지도 모른다고 큰 걱정을 했습니다.

"아주머니, 이 빵은 유통기간이 하루 지난 것이거든요. 그러니 이것 말고 다른 것 사세요."

누나는 주인이나 다른 판매원과는 달리 유통기간이 단 하루라도 지나면 팔지 않고 다른 빵을 사게 했습니다. 이런 사실을 알게 된 주인은 누나를 호되게 꾸중했습니다.

"하루 정도는 괜찮단 말이야. 네가 이 가게를 아주 망하게 하려 작정한 모양이구나."

그래도 누나는 말을 듣지 않아 주인이 싫어했습니다. 주인은 누나가 일한 날수를 한 달 채우기만 하면, 빵집에서 내보내려고 했습니다.

그런데 날이 가면 갈수록 이상한 일이 생겼습니다.

"애야, 이 빵 괜찮겠니?"

"학생, 이 빵은 어때?"

빵집을 찾는 손님들은 누나만 찾아 빵에 대해 물었습니다. 그뿐만이 아니었습니다. 누나가 맛있다거나 좋다고 하면 더는 묻지 않고 빵을 사 갔습니다.

빵집을 찾는 손님들은 누나 말을 "팥으로 메주를 쑨다"고 해도 믿었습니다.

그러자 빵들이 유통기간을 넘길 틈이 없어졌습니다. 주인 걱정과는 달리 누나 덕분에 오히려 빵은 더 잘 팔렸습니다.

'아아! 그랬었구나. 할머니 말씀이 백번도 더 맞아. 진실은 이 세상 그 어떤 것과 싸워도 이겨.'

아기바람은 고추잠자리가 앉아서 쉬려고 맴도는 과꽃을 뒤로하고 대모산으로 올라갔습니다.

누나 마음처럼 파란 가을 하늘입니다.

베트공

+용서
"사형은 용서가 없는 것이죠. 용서는 바로 사랑이기도 합니다.
여의도 자동차 질주범으로 인해 사랑하는 손자를 잃은 할머니가
그 범인을 용서한다는데 왜 나라에서는 그것을 받아들이려 하지 않습니까?"
-1993년 평화방송·평화신문 새해 특별대담 중 사형폐지를 주장하며

 벚꽃이 피고 진 나뭇가지는 꽁지 빠진 수탉 같습니다. 꽃이 앉았던 자리는 상처가 난 것처럼 보기 흉합니다.
 '오래오래 나무를 지키는 이파리와 달리 꽃은 잠시 왔다가 가니까 더 애틋하구나.'
 아기바람은 시냇물을 휘이 저으며 생각에 잠겼습니다.
 냇가를 따라 올라가다 보니 태극기가 펄럭이고 있었습니다.
 늘 스쳐 지나가는 길이지만 태극기는 처음 보았습니다. 태극기가 바람에 펄럭이는 곳은 학교였습니다.

아기바람은 늘 지나다니면서도 마음을 두지 않고 다녔기에, 아파트만 보았지 아파트 숲에 가려 있는 학교는 보지 못했던 것입니다. 더군다나 태극기는 더 못 보았습니다.

아기바람은 학교 운동장 미루나무 꼭대기에 앉아 운동장을 내려다보았습니다. 아주 잘 다듬어져 있어 운동장 가장자리 풀이 삐죽삐죽 고개를 내민 시골 학교 운동장과는 사뭇 달랐습니다.

'학교 아이들도 다를까?'

아기바람이 이런 생각을 하고 있는데, 아이들이 운동장으로 몰려나왔습니다.

'어어?'

아기바람은 고개를 갸웃거렸습니다. 운동장으로 나오면 체육복을 입어야 하는데, 체육복을 입은 아이가 하나도 없었습니다.

'아침부터 체육 시간은 아닐 테고, 자연 관찰 시간인가?'

아기바람은 아이들을 눈여겨보며 귀를 기울였습니다.

"다시 한 번 묻겠다. 너희 가운데 분필을 던진 사람이 없다 이 말이지?"

"……."

선생님 말에 아이들은 고개를 푹 숙인 채 잠자코 있었습니다.

"분필을 던진 사람이 나올 때까지, 선생님이랑 운동장을 뛰는 거야."

선생님은 아이들과 운동장을 뛰었습니다.

조금 전 쉬는 시간에 아이들은 분필로 서로를 맞히며 놀았습니다.

"선생님이다!"

아이들이 소리쳤지만, 미처 듣지 못한 아이가 분필을 던지는 바람에 분필이 교탁 쪽으로 날아가 하마터면 선생님이 맞을 뻔했습니다. 그래서 분필 던진 친구를 나오라고 했는데 아무도 나가지 않았습니다.

선생님은 벌을 주어 분필 던진 아이를 찾아내려 아이들을 데리고 나온 것입니다.

운동장 한 바퀴를 돌았는데 벌써 힘이 들었습니다. 여자 아이들 가운데엔 힘이 들어 우는 애도 있었습니다. 대한이는 번쩍 송이 생각이 났습니다.

"선생님, 제가 던졌습니다."

대한이는 송이를 생각하며 선생님 앞으로 달려갔습니다.

"베트공이잖아?"

아이들은 모두 놀랐습니다.

"정말 네가 던졌단 말이니?"

선생님도 의아한 표정으로 물었습니다.

"예."

"알았다. 다들 교실로 들어가고, 대한이는 운동장 열 바퀴를 돌고 들어와라."

선생님과 아이들은 교실로 들어가고, 혼자 남은 대한이는 운동장을 뛰었습니다.

베트공, 그러니까 대한이는 시골서 살다가 서울로 이사 온 지 얼마 되지 않았습니다. 아이들이 대한이를 베트공이라고 놀리는 까닭이 있습니다. 대한이 엄마는 베트남 사람입니다. 베트남 하면 '베트남전쟁' 때 베트공이 떠올라 베트공이라 부르게 된 것입니다.

대한이는 아이들이 놀리고 왕따를 시켜도 굽히지 않았습니다. 게다가 학급에서 일어나는 궂은일을 솔선수범해 여자 친구들은 대한이를 싫어하지 않았습니다.

키가 작은 대한이는 오늘도 앞자리에서 조용하게 앉아 책을 보고 있었습니다. 그러니 대한이가 분필을 던졌다는 것은 말도 안 됩니다. 그런데 대한이는 분필을 던진 사람이 자기라고 하고, 학급을 대신해 운동장을 돌며 벌을 서는 것입니다.

아이들은 힐끔힐끔 창밖으로 운동장을 바라보았습니다.

대한이는 흐르는 땀을 닦아가며 꾀를 부리지 않고 열심히 뛰었습니다.

'송이!'

대한이는 힘이 들었다가도 송이를 떠올리면 힘이 저절로 솟아올랐습니다.

"한이야, 나는 네 편이야."

그러니까 대한이가 전학을 오고 며칠 안 되어서 일입니다.

학교 수업이 끝나 집에 가는데, 골목길에서 한 아이가 여러 아이들에게 놀림을 받고 있었습니다. 둘러선 아이들은 구경만 할 뿐 말리지 않았습니다. 그때였습니다.

"야, 베트콩! 뭘 봐?"

한 아이가 소리치며 대한이에게 다가왔습니다.

"비겁하게 여럿이서 한 명을 괴롭히냐?"

대한이는 당당하게 말했습니다.

"아쭈, 이 자식 봐라. 야, 베트콩이면 베트남전쟁에나 끼지, 왜 아무 데나 끼고 그래?"

아이들이 몰려와 대한이를 때렸습니다. 여러 아이들이 달려들어 대한이는 맞을 수밖에 없었습니다. 코피가 터지자, 아이들은 슬그머니 자리를 떴습니다. 대한이는 온몸이 욱신거려 겨우 일어났습니다.

"여기 있어. 네 가방."

한 여자아이가 흩어진 책들을 주워 가방에 넣어 대한이에

게 주었습니다. 그 여자아이는 송이였습니다.

"고마워, 송이야."

대한이가 가방을 받으며 말하자,

"아냐, 내가 고마워. 얘는 내 동생이거든."

동생은 대한이에게 다가와 옷을 털어주었습니다.

"형은 베트공이 아냐. 우리 친구야."

동생은 악수를 하자고 손을 내밀었습니다.

"고맙다. 네가 친구 해 준다면 베트공이면 어떠니?"

대한이는 검은 얼굴에 하얀 이를 살짝 드러내 보이며 웃었습니다.

송이도 방긋 웃었습니다.

"나도 시켜 줘. 나도 오늘부터 대한이 네 편이다."

대한이는 어깨동무하고 가는 송이와 동생의 뒷모습을 한동안 지켜보았습니다. 동생을 데리고 가는 송이는 약간 절룩였습니다.

대한이는 송이를 생각하며 운동장을 열심히 돌았습니다.

아기바람은 대한이 콧등에 솟은 땀방울을 어루만져 주었습니다.

9 간장종지

+참사랑
"좋은 것 나쁜 것 오물까지 담을 수 있어."
-2002년 북방 선교에 투신할 사제를 양성하기 위한 '옹기장학회'를 설립하며. '옹기'는 추기경의 아호

"아아, 이 고소한 냄새."

아기바람은 코를 벌름거리며 고소한 냄새가 흘러나오는 곳으로 갔습니다. 고소한 냄새는 어느 한 집에서 풍기는 게 아니라, 마을 이 집 저 집에서 솔솔 피어올랐습니다.

'도대체 무슨 날인데, 집집이 고소한 냄새가 코를 즐겁게 하는 거지?'

아기바람은 왜 그런가 한눈에 보려고, 미루나무 꼭대기로 날아올랐습니다.

바로 그때 까치가 간밤에 내린 눈을 떨어뜨리며, 미루나무 가지에 앉았습니다.
"오늘이 무슨 날인데, 집집이 고소한 냄새를 풀풀 날리는 거예요?"

아기바람이 까치에게 물었습니다.

"아니? 정말 몰라서 묻는 거야?"

까치는 잔뜩 뻐기면서 어처구니가 없다는 듯이 되물었습니다.

"네. 모르니까 묻죠."

"오늘이 바로 우리 설날이잖니."

까치는 으스대며 말했습니다.

"까치님 설날이라구요?"

"그래."

"까치님에게도 설날이 있어요?"

아기바람은 이상하다는 듯이 물었습니다.

"이래뵈도, 우리 설날이 사람들 설날보다 하루 먼저라구."

"까치님 설날하고 고소한 냄새하고 무슨 상관이 있는데요?"

"그러니까 우리 설날이 오늘이고, 사람들 설날은 내일이

잖아. 설날에 차례를 지내고 차례 음식을 먹는 거는 알지?"

"아아, 그렇구나."

아기바람은 그 언젠가 엄마바람에게 설날 이야기를 들은

간장종지 121

적이 있습니다.

"난 눈이 덮여 아직 아침도 못 먹었는데……. 쳇, 까치 설날이 다 무슨 소용이람."

까치는 아기바람에게 투정하듯 투덜거리며 마을 쪽으로 날아갔습니다.

설날을 하루 앞두고 집집이 조상님께 제사를 지낼 음식을 장만하느라 야단이었습니다. 있으면 있는 대로, 없으면 없는 대로 집집이 정성껏 차례 지낼 음식을 준비했습니다. 음식을 만드는 그 고소함이 코를 찔렀습니다.

설날 아침, 정성껏 만든 음식들이 차례상에 올랐습니다. 차례상에 올라가는 음식들은 저마다 뽐냈습니다. 뽐낼 만도 해요. 제사를 지내는 차례상에는 아무 음식이나 놓는 게 아니니까요. 그런데 언제나 모든 음식의 간을 맞춰 주었던 간장은 어느 누구의 손길도 받지 못했습니다. 제사 음식에는 간을 하지 않기 때문입니다.

제사를 끝내고, 제사 지낸 음식을 먹는 음복례 때였습니다. 음복례란 제사를 마치고 나서 제사를 지낸 술이나 음식을 먹는 것을 말합니다.

음식들은 누가 음식상 가운데 자리를 차지하나 내기했습니다.

차례상에는 홍동백서(紅東白西) 즉 붉은 음식은 동쪽, 흰 음식은 서쪽 이렇게 음식의 자리가 정해져 있습니다. 그런데 차례를 마치고 음복례를 할 때는 상차림이 다릅니다.

음식들은 서로 자기가 맛이 있는 음식이니, 상 가운데를 차지할 거라고 뽐냈습니다.

"나야말로 가운데 자리에 안성맞춤 아니겠어? 음식 중에는 고기, 고기 중에도 이 갈비가 최고지."

"그렇지 않아. 요즘 사람들은 갈비같이 딱딱한 고기는 안 먹는다구. 뭐니 뭐니 해도 입에 넣으면 살살 녹는 듯 부드러운 이 고기 산적이 최고야."

"고기면 뭐 하니? 아무리 그래도 돌아가신 할아버님께서 굴비를 좋아하셨으니, 가운데 자리는 이 굴비 자리지."

"굴비만 좋아하셨어? 이 시금치나물도 좋아하셨다고."

"나물 좋아하네. 이 동태전은 어떻고? 뭐니 뭐니 해도 동태전을 좋아하셨다구."

"이 녹두 부침은 어떻구?"

차례상에 올랐던 음식들은 하나같이 모두 제가 가운데 자리를 차지할 거라고 우겨댔습니다. 음식들만 자리다툼을 하는 게 아니었습니다. 음식을 담는 그릇들도 자기가 제일 맛있는 음식을 담을 거라며 다투었습니다.

결국 상 가운데는 갈비와 산적이 차지했습니다. 떡 벌어진 그릇에 담겨서요. 그 옆은 동태전과 굴비, 또 나물이 차지했습니다. 갈비와 산적이 보란 듯이 자리를 잡고 뽐냈습니다.

그릇 가운데 가장 작은 종지는 짜디짠 간장을 담고 있습니다. 간장종지는 상 가운데는커녕 상 가장자리도 차지하지 못할 판이었습니다.

음식이 다 차려지고 상 둘레로 식구들이 둘러앉았습니다. 집안 제일 어른이신 할머니가 수저를 들어 음식 간을 보았습니다.

"어멈아, 간장종지 어딨니?"

"예. 곧 가져다 드릴게요."

"간장종지를 빼놓고 상을 차리다니!"

할머니는 못마땅한 표정을 지었습니다.

"간장종지를 상 위에 올려놓아요?"

손녀가 할머니에게 여쭈었습니다.

"그래. 음식에는 간이 가장 중요하지. 제아무리 맛있는 음식이라 할지라도 간이 맞지 않으면 맛이 없지. 그러니 간장종지야말로 음식상 제일 가운데 있어야 한단다."

"제일 가운데요?"

"봐라. 좋은 음식이라도 간이 맞지 않으면 아무 맛이 없는 거야. 이 갈비 맛 좀 보렴."

손녀는 갈비 맛을 보았습니다.

"어떠냐? 싱거워 맛이 없지?"

"예, 할머니."

"간장종지야말로 음식상에 없어서는 안 될 중요한 거란다."

아기바람은 할머니의 말에 고개를 끄덕였습니다.

'그래, 할머니 말씀이 맞아. 나도 간장종지처럼 살도록 노력해야지.'

아기바람은 뜻있는 설날 아침을 맞았습니다.

10 포장마차 안에 핀 벚꽃

+생명

"현대를 살아가는 한 사람, 한 사람에게 자신의 생명이 언제부터 시작됐느냐고 물으면 어머니 태중에 임신된 순간부터라고 말할 것입니다. 내 생명이 그렇다면 남의 생명도 그렇게 인정을 해야겠지요."
−1993년 평화방송·평화신문 신년 특별대담 중 낙태를 비판하며

"엄마, 무서워."

"무섭긴. 이렇게 엄마 손을 꼭 잡고 있는데."

"그래도 깜깜해서 무섭단 말이야."

샛노랗던 개나리꽃이 삐죽삐죽 솟은 연초록 이파리에 밀려, 그 곱던 노란 꽃이 칙칙해 보입니다. 박쥐 귀처럼 솟은 개나리 이파리 위로 하이얀 꽃눈이 춤추듯이 쏟아져 내립니다. 아기바람은 벚나무를 뒤흔들어 놓고는 떨어져 흩날리는 꽃눈을 잡으려 이리저리 쫓아다닙니다. 잡히지 않으려 요리

조리 내빼는 꽃눈들.

꽃눈을 쫓던 아기바람이 엄마 벚나무 팔에 매달려 또 흔들어 댑니다.

"애야, 다 데려가도 좋으니, 포장마차 안에 있는 내 새끼만은……."

"아줌마, 정말?"

아기바람은 좋아라 춤을 추며 엄마 벚나무 꽃가지를 흔들어 댑니다.

엄마 벚나무는 대답 대신 고개를 가볍게 흔들었습니다.

"와아!"

신바람이 난 아기바람이 춤을 추자, 꽃잎은 백 마리 아니 천 마리 나비가 되어 흰 눈처럼 하늘을 덮고 너울너울 춤을 추다가 사뿐히 내려앉습니다. 추위와 찬바람을 이겨가며 겨우내 준비한 꽃, 바람 한 자락에 그만 힘없이 지고 맙니다. 꽃이 피기까지는 한참이지만, 지는 것은 잠깐입니다.

벚나무 꽃가지를 한바탕 흔들어 놓은 아기바람은 포장마

차 안으로 들어갔습니다. 어둠이 내려앉은 밤. 포장마차 불빛은 멀리서 보면 마치 보름달이 꽃구경하러 길 한쪽에 두둥실 내려앉은 것처럼 보였습니다. 포장마차는 가로등이 제일에 바쁠 즈음 손님들을 불러들입니다. 그때에 포장마차는 제빛을 냅니다.

"여자는 화장을 하거나 곱게 차려입을 때가 아니라, 사랑하는 가족을 위해 무언가 열중할 때 가장 아름답지."

아기바람은 언젠가 노인정에 들렀다가 어느 할아버지에게서 들은 얘기를 떠올렸습니다.

사람도, 사물도 자기의 아름다움을 한껏 나타내는 때가 있습니다. 포장마차는 하늘에서 내려온 달덩이처럼 보일 때가 가장 아름다운 때입니다.

'아! 그런 뜻이었구나!'

아기바람은 노인정에서 들은 할아버지의 말뜻을 이제 알 것 같았습니다. 왜 엄마 벚나무가 아기꽃가지만은 그냥 내버려두라고 부탁했는지, 또 포장마차 주인이 왜 아기꽃가지를 자르지 않고 놓아두는지도 알 것 같았습니다.

판자로 얼기설기 덧댄 뒤 쌀 포대로 둘러 만든 집, 나무 판자에 비닐을 둘러싸 비바람만 겨우 막아내는 집들이 모인 동네. 이 동네 어귀에 포장마차가 있습니다. 포장마차 한쪽에 벚나무가 기둥처럼 서 있는데, 아기꽃가지 하나가 포장마차 안으로 삐죽 고개를 들이밀고 있습니다.

"얘, 나 좀 나가게 해 줘. 무서워."

아기꽃가지가 아기바람에게 사정했습니다.

"뭐, 무섭다구? 넌 행운아다."

"답답하구 무서운데, 웬 뚱딴지같은 소리야?"

아기꽃가지는 볼멘소리로 투덜댔습니다.

"넌, 이 집 주인한테 고마워해야 해."

"뭐라구? 넌 그런 말하려구 여기 온 거 아니잖아. 대체 뭐가 고맙다는 거야?"

"고마움은 어느 누가 가르쳐 줘서 아는 게 아냐. 스스로 알아야 해."

아기바람은 포장마차를 나와 개나리, 벚나무 머리를 쓰다듬으며 양재천 위를 거슬러 올라갔습니다. 포장마차 주인 마음이 아기바람 마음을 한결 가볍게 한 것입니다.

"엄마, 도대체 뭐야? 아기바람에게 줄 것만 다 주고, 난 그대로잖아."

"글쎄다. 아기바람이 허튼 말을 하진 않았을 게다. 그 녀석은 여기저기 나다녀 보고 들은 게 많으니까."

아기꽃가지는 아기바람 편을 드는 엄마가 얄미웠습니다.

포장마차 안 불빛이 어둠에 더 밝아지고부터 사람들이 모여들었습니다. 포장마차가 거리의 보름달이 된 것입니다.

머리가 허연 주인아저씨는 아저씨가 아니라 할아버지였습니다. 그러나 이곳에 오는 사람들은 할아버지라고 부르지 않고 아저씨라 부릅니다. 아저씨는 국수를 말고, 어묵을 끓이고, 꽁치를 굽고 또 소주를 내놓습니다.

'저런 할아버지가 뭐가 고맙단 말이야?'

아기꽃가지는 주인아저씨를 보고 심통이 났습니다.

그때 한 소녀가 휘장을 젖히고 얼굴을 디밀었습니다.

'아니, 쟤도 술 마시나?'

"솔아, 여기 앉거라."

구수하게 생긴 아저씨의 손끝에 소녀가 매달려 들어섰습니다.

"이 집 국수 맛 일품이지. 아저씨, 어묵 듬뿍 얹은 국수 두 그릇 주세요."

"그러죠. 우리 공주님 건 특별히 말아 드리리다."

"아빠, 국숫집이 아니라 술집이잖아?"

소녀는 두리번거리다가 아버지 얼굴을 보았습니다.

"공주님, 우리 집은요, 술 드시는 분들에게는 술친구 집이고, 국수 잡숫는 분들에게는 편안한 국숫집이라오."

"그럼, 아빠에게는 친구도 되고 국숫집도 되네요."

"그렇다오, 공주님."

"아빠, 저기 꽃 좀 봐요."

소녀는 아기꽃가지를 가리켰습니다.

가지 가득 벚꽃을 담은 아기꽃가지가 포장마차 안을 빛내고 있었습니다. 포장마차 안 사람들은 모두 손과 입을 멈추고 아기꽃가지를 사랑스러운 눈으로 바라보았습니다.

"예쁘구나."

벚꽃은 그 색깔과 모양이 불빛과 잘 조화를 이루었습니

포장마차 안에 핀 벚꽃 135

다. 벚꽃은 보는 이들 마음속에도 피어났습니다.

"공주님, 정말 멋쟁이시군요. 저 꽃을 닮으시다니……."

"정말 멋쟁이는 아저씨인데요. 거추장스런 나뭇가지를 잘라버렸었을 수도 있을 텐데요."

아기꽃가지는 가슴이 뭉클해졌습니다.

아기바람이 하던 말이 가슴에서 되살아났습니다.